Usborne
First hundred words
in German

Heather Amery

Illustrated by Stephen Cartwright

German language consultant: Birgit Zimmerer
Edited by Jenny Tyler and Mairi Mackinnon
Designed by Mike Olley and Holly Lamont

 There is a little yellow duck to find in every picture.

Das Wohnzimmer

The living room

Papa
Daddy

Mama
Mummy

der Junge
boy

das Mädchen
girl

das Baby
baby

der Hund
dog

die Katze
cat

Die Kleidung   Clothes

die Schuhe
shoes

die Unterhose
pants

der Pullover
jumper

das Unterhemd
vest

die Hose
trousers

das T-Shirt
t-shirt

die Socken
socks

Das Frühstück Breakfast

das Brot
bread

die Milch
milk

die Eier
eggs

der Apfel
apple

die Orange
orange

die Banane
banana

Die Küche   The kitchen

der Tisch
table

der Stuhl
chair

der Teller
plate

das Messer
knife

die Gabel
fork

der Löffel
spoon

die Tasse
cup

Die Spielsachen Toys

das Pferd
horse

das Schaf
sheep

die Kuh
cow

das Huhn
hen

das Schwein
pig

der Zug
train

die Bauklötzchen
bricks

Bei Oma und Opa

At Granny and Grandpa's house

Oma
Granny

Opa
Grandpa

die Hausschuhe
slippers

der Mantel
coat

das Kleid
dress

die Mütze
hat

Der Park

The park

der Baum
tree

die Blume
flower

die Schaukeln
swings

der Ball
ball

die Rutschbahn
slide

die Stiefel
boots

der Vogel
bird

das Boot
boat

Die Straße   The street

das Auto
car

das Fahrrad
bicycle

das Flugzeug
plane

der Lastwagen
lorry

der Bus
bus

das Haus
house

17

Die Party   The party

der Ballon
balloon

der Kuchen
cake

die Uhr
clock

das Eis
ice cream

der Fisch
fish

die Kekse
biscuits

die Bonbons
sweets

Das Schwimmbad

The swimming pool

der Arm
arm

die Hand
hand

das Bein
leg

die Füße
feet

die Zehen
toes

der Kopf
head

der Po
bottom

Der Umkleideraum
The changing room

der Mund
mouth

die Augen
eyes

die Ohren
ears

die Nase
nose

die Haare
hair

der Kamm
comb

die Bürste
brush

Das Geschäft   The shop

rot
red

blau
blue

grün
green

24

gelb
yellow

rosa
pink

weiß
white

schwarz
black

Das Badezimmer   The bathroom

die Seife
soap

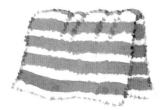

das Handtuch
towel

die Toilette
toilet

26

die Badewanne
bath

der Bauch
tummy

die Ente
duck

Das Schlafzimmer The bedroom

das Bett
bed

die Lampe
lamp

das Fenster
window

die Tür
door

das Buch
book

die Puppe
doll

der Teddybär
teddy bear

Match the words to the pictures

der Apfel

das Auto

der Ball

die Banane

das Bett

das Buch

das Ei

das Eis

die Ente

das Fenster

der Fisch

die Gabel

der Hund

die Katze

der Kuchen

die Kuh

die Lampe

das Messer

die Milch

die Mütze

die Orange

der Pullover

die Puppe

die Socken

die Stiefel

der Teddybär

der Tisch

das Unterhemd

die Uhr

der Zug

Die Zahlen   Numbers

1 eins

2 zwei

3 drei

4 vier

5 fünf

1 eins 2 zwei 3 drei 4 vier 5 fünf